فصل الثانية

في النقط

اعلم ان الذي فرض النقط فالنقط وضعها في اخيره معناه مطلوب ها من الكلام وصورتها هكذا :
اما على ان وضع النقطتان هومتي أ الـ عدد المطلوب من الكلام وكن له سهم لمان من
الكلام السابق في معناه وضعه (:) وكذلك وضع النقطة مع الحز ر
وضعهم متي علمت ان الكتاب قد فهمت مضمونها وانما لها شي يضاف
وصورتها هكذا (؛) اعلم ان علم الحركم (،) واحدها يجوز وضعها
فقطا للتمييز بين المضمون وحرتـ ة الذي يدل على
تمام المعنا قبل الكلمت الدالة على الـزوال
والطلب اعلم ان نقطم الزوال يكون وضعها تي
مع الكلام من الزوال مثلا اواب تي وهي (؟)
واما نقطم القسف فقدير يجوز وضعها
هكذا (!) وتستعملها حين نريد
نظهر معنا القسف اي الحزن
والتوجع مثاله

ah! je suis bien

malheureux

معناه آه انا عديم

البخط
ثم

منحزت الله حسبي وهو نعم المولي ونعم الوكيل

ال y عند الفرنساوية جي مثل اللغة الواو عند اهل اسلامبول مثل

va, ve, vi, vo, vu, vy

ال X هو جيم الكاف مع الباء وتلفظه هكذا يكس مثل
xa, xe, xi, xo, xu, xy
تابع وان تلفظوا ال X مثل جيم مع الذين وتقرأ اجر مثل هذا الكلمة مثل
معناه مثال نقرأه (اجزنبل)
exemple
ال z هو الزين مثله
za, ze, zi, zo, zu, zy

فصل الرابع

في تعليق الحروف الساكنة مع بعضيها

ال F تتعلق مع ال L هكذا fl
اثنين F يتعلقوا مع ال L مثل هذا ffl
اثنين V يتعلقوا مع بعضيهم مثل هذا w ولفظه مثل الواو فللغة العربية

فصل الخامس

في الاشارات المرسومة بالمخاطبة

اعلم ان هذه الاشارة (´) تسمي اكسينتو تقع في اخر الكلمة علي الحرف المتحرك ال E وهذه
الاشارة تصير حركة محسوسة وتلفظها بفتحة الفم مثل في هذه الكلمة accès معناه دخول
وضار ( ) تسمي قطيع وتقع ايضا علي الحرف المتحرك ال E وتلفظه بقفلة الفم مثل في
هذه الكلمة café معناه قهوة
وهي (ˆ) تسمي تطويل وتقع علي كل الحروف المتحركة لاجل مدة الكلمة تلفظها بفتحة الفم
وتطويل الصوت مثل في هذه pâte كلمة معناه عجين
اعلم ان علامة الجزء في اصطلاح الفرنساوية هكذا (') معناه ان الخط لدبعد حرف
ساكن ويعلم ان تبعه حرف متحرك غير الذي هو مخالف مثل في هذه الكلمة l'âme معناه
الروح مثل ما يكون مكتوب la âme

فصل السادسة
في النقط

اعلم ان اذا ال B كانت قدام واحدة من هذه الستة حروف الحركة مثل القطعة مثل ما قلنا في تركيب الحكاية مثال

ba, be, bi, bo, bu, by,

اذا ال c كانت قدام ال i ال e ال y وال y تلفظ مثل السين مثال

ce, ci, cy

اما اذا ال c كانت قدام ال a او ال o وال u تلفظ مثل الكاف مثال

ca, co, cu

واعلم ان قدام ال a وال o وال u ال c يتلفظ ايضا بعد امرارة مثل السين التي يلبس يكون تحت ها خط مثل هنو و تلفظ بـ

ça, ço, çu

القطعة ال D مثل لفظة الدال مثال

da, de, di, do, du, dy

اما ال D اذا كانت في اخير الكلمة تلفظ مثل ال T حتى ان الكلمة الذي بعضها كانت مبتدية حركة مثل معناه شجر كبير اقرا بل T

un grant arbre

اللفظة ال F مثل لفظ الها مثال

fa, fe, fi, fo, fu, fy

اللفظة ال G قدام a, o, u مثل لفظة الجيم عند اهل مصر مثال

ga, go, gu

اما لفظة ال G لما يكون قدام e, i, y مثل الجيم عند اهل الشام مثال

ge, gi, gy

اللفظة ال H مثل الها مثال

ha, he, hi, ho, hu, hy

ما تلفظ في بعض كلمات ال H مثل الها مثال معناه صاحب شجاعة

héros

اللفظة ال J مثل الجيم عند اهل الشام بمباشرة رطبة الشين مثال

ja, je, ji, jo, ju, jy

اللفظة ال K مثل الكاف مثال ....

Ka, Ke, Ki, Ko, Ku, Ky

ال L اللفظة مثل اللام مثال ....

la, le, li, lo, lu, ly

اللفظة ال M مثل الميم مثال ....

ma, me, mi, mo, mu, my

ال N اللفظة مثل النون مثال ....

na, ne, ni, no, nu, ny

ال P هو مثل الباء عند اهل الفرنكيس مثال ....

pa, pe, pi, po, pu, py

ال Q هو مثل الكاف مثال ....

qua, que, qui, quo, qu, quy

ال R مثل الرا مثال ....

ra, re, ri, ro, ru, ry

اللفظة ال S مثل الصاد مثال ....

sa, se, si, so, su, sy

ال T هو مثل التة مثال ....

ta, te, ti, to, tu, ty

تنافي كل الكلمات الذي يكون لهم في اخيرهم tion ال T تتلفظ مثل ال س مثال

constitution

معناه شرط اقرا مثل ما يكون مكتوب بل constitucion

النصوص العربية مع الحروف اللاتينية — أصعب من قدرتي على القراءة الدقيقة بثقة، لكن سأحاول:

إنها تارة يجتمع اثنان واكثر فيكون في حالة اجتماعها لفظ اخر فا

اذا اجتمعت الـ a مع الـ i وسبقتها الـ a تكتب هكذا ai وتلفظ. مثل

حملة للكسر مثله maison مثله بيت

واذا اجتمعت الـ a مع الـ u تكتب هكذا au مثاله auteur وتلفظ مضمومة

واذا اجتمعت الـ a مع الـ y تكتب هكذا ay مثاله paysan الفلاح وتلفظ كالاولى

واذا اجتمعت الـ e مع الـ i تكتب هكذا ei مثاله peigne مشط وتلفظ ايضا كذلك

واذا اجتمعت الـ e مع الـ u تكتب هكذا eu مثاله heureux معناه سعيد وتلفظ مضمومة

مع فتح الفم

اذا اجتمعت الـ e مع الـ y تكتب ey وتلفظ مثل ما قلنا في اجتماع e مع i

اذا اجتمعت الـ e مع الـ a وسبقت u تكتب هكذا eau مثال bateau السفينة وتلفظ مثل ما قلنا في اجتماع a مع u

اذا اجتمعت الـ o مع الـ i تكتب oi مثاله oiseau طير وتلفظ مثل اجتماع الواو والالف

اذا o كانت قبل u تكتب هكذا ou مثاله ouragan عرض وتلفظ مثل الواو كما بالجن

اذا اجتمعت الـ o مع الـ y تكتب oy مثاله voyageur مسافري او مسافرين

وتلفظ مثل ما قلنا في اجتماع الـ o والـ i

اذا اجتمعت o مع u وسبقت i تكتب هكذا oui مثاله ايه نعم وتلفظ

مثل اجتماع الواو واليا مكسور

اعلم انه اذا الـ i اجتمعت مع الـ a تكتب هكذا ia مثاله diamant معناه الماس

وتلفظ كل حرف واحده مثل اجتماع الباء مع الـ لفظ المفتوحه

اعلم ايضا انه اذا الـ i اجتمعت مع الـ o تكتب io مثاله diogène واحد من اهل الفلسفة

وتلفظ كل حرف مثل ما قلنا في اجتماع الـ a والـ i

اعلم انه اذا الـ o كانت متعلقة مع الـ e تكتب هكذا oe مثاله bœuf ثور

وتلفظ مثل الـ e في لفظتها

فصل الثالث

في اجتماع حرف الساكن مع حروف الحركات

با ba به be بيي bi بو bo بوا bu

كا ca سـ ce سي ci كوﻻ co كوا cu

دا da دﻩ de دي di دﻩ do دوا du

فا fa فﻩ fe في fi فﻩ fo فوا fu

جا ga جﻩ ge جي gi جﻩ go جوا gu

ها ha هﻩ he هي hi هﻩ ho هوا hu

وهذه تشمـ راجعت الشيخ قليلا   جا ja جﻩ je جي ji جﻩ jo جوا ju

كا ha كي ke كي ki كﻩ ko كوا ku

ل la لﻩ le لي li لو lo لوا lu

ما ma مﻩ me مي mi مﻩ mo موا mu

نا na نﻩ ne ني ni نﻩ no نوا nu

وهذه كالبا العربية الّا انك تزيد في ضم الشفتين   پا pa پﻩ pe پي pi پﻩ po پوا pu

وفتحهما وتسمي عند العرب بالبا الفارسية لانها في لغة الفرس

وهذه كانت حرفا لاتنيا غير الكاف السابقة لانها   كا qua كﻩ que كي qui كﻩ quo قوا qua

في حال انفراد هاعدة الحركات تكون بلفظ اخر وفي حال اجتماعها تختلف السابقة لانها في

اغلب احوالها لابد لها من حرفين متحركين حصها الذي تلفظ بها

را ra رﻩ re ري ri رﻩ ro روا ru

وهذه انطقـ به بين الفا والواو   سا sa سﻩ se سي si سﻩ so سوا su

تا ta تﻩ te تي ti تﻩ to توا tu

وهذه الفقها مثل الواو عند اهل اسلامبول   ۏا va ۏﻩ ve ۏي vi ۏﻩ vo ۏوا vu

كا xa كﻩ xe كي xi كﻩ xo كوا xu

زا za زﻩ ze زي zi زﻩ zo زوا zu

فصل الثاني

الكلام على الحركات في اجتماعها مع بعضها وعلي كيفية رسمها ولفظها قد تقدم ان الحركات

ستة وهي   a, e, i, o, u, y,

بسم الله الرحمن الرحيم

فصل الاول

هذا الكتاب موضوع لمن يريد يتعلم اللغة الفرنساوية من اهل اللغة العربية
الكلام على الحروف الهجائية

اعلم انه ايها الطالب ان الاحرف التي تكتب تلفظ بها وتتركب منها الكلمات في اللغة
الفرنساوية خمسة وعشرين حرفا هذه الف يا الى اخرها وهي

a, b, c, d, e, f, g, h, i, j, K, l, m, n, o, p, q, r, s, t, u, v, x, y, z.

وهذه الاحرف قسمان حروف تسمى بالحركات وهي ستة

a, e, i, o, u, y

وحروف تسمى بالحروف الساكنة اي لم يكن معها حرف متحرك وهي تسعة عشر الباقية

b, c, d, f, g, h, j, K, l, m, n, p, q, r, s, t, v, x, z.

القسم الاول الذي هو حروف الحركات بعضه موافقة للغة العربية موجود فيها

فال a هي كالف اللينية وهي الهمزة المفتوحة
وال e هي كالف الموماة
وال i هو الهمزة المكسورة
وال y مثل اليا المكسور
وال o هي الهمزة المضمومة ما قيل او بعضها غير موجود فيها
وهو الحروف الباقي ال u هو الفتحة الموماة   ثم القسم الاول وال

القسم الثاني بعضه من اللغة العربية وانما يختلف باختلاف التعبير   وهو

b, c, d, f, g, h, K, l, m, n, q, r, s, t, z

وبعضه غير موجود فيها وهي

j, p, v, x,

ولكن يقرب منها ال j تقبل الجيم كي تشم ما يجيء تحت المثال
اذا علمت ذلك علمت انها في حالة تركيب الحروف الساكنة مع الحروف المتحركة تارة توافق
اللغة العربية في حال تركيبها مع حركاتها الثلاثة وتارة توافقها فنقول

فيقول العبد الحقير المنطوي تحت ربه استرحمنا فريون المصري الأصل الرشيداوي الوطن

أني منذ صبوتي قدماتيت من محروسة القاهرة لهذه الديار وما برحت منشرحا إلى استمداد وواجه نساج الأخبار كارهيه عن مناقب شهادة صاحب المجد والسيادة الدستور الوقور المعظم والمشير الخطير المفخم الحاج محمد علي باشا أدام الله انصاره وايد شوكته اقتدار مدى الاحقاب وكنت امتنع بالاطلاع علي محامد شيم الملوكية ومترقب فرصة تمكنني لتقييم الوسايل لتدوين التي بد فتر عبودي تنبو اذا بقدوم زمرة من رجال دولتة الزاهرة لهذه كله خبار قاصدين اكتساب العلوم لها فيجيبوه ونهيت لم مضطرين الي علم اللغة الفرنساوية وكلا ليمكنهم الوصول الي بلوغ المأمول و مت اذا استهل عليهم كشف القناع الذي كان مدركا عن الاطلاع ليلا يتعبوا في الولوج لهذا الباب فادرت بالاتصاب الي استخراج مبادي اصول هذه اللغة الشمسية باللغة العربية وارسلت ليهم منها جملة نسخ لمحروسة بارير للحميم ورمت ارسال جملة الى باب سعادته العليم بمحروسة القارة من كون بلغني اصدار امر المشرفة بامتداد هذه اللغة لبعض رجال دولتة حتما ملا منه عواطف مراحمه العميمة فضي الطرف عند قصوري كانه ازل مباشرا استخرج قواعد نحو هذه اللغة جميعها اكي عند الخلوص ارسل منه ما يقتضي الي المومي اليهم تم اومه لسعادة العليم واتهتم بوفور شيم الوزيرية ان يجعل اسمي ما بين الهمما العبيد المتشرفين بخدامة بابه السعيد من كون علي البعد والقرب رق انعامه ومملوك اجلا
وعلى الباري جل شانه
التوفيق

Avant Propos.

Ce petit ouvrage que je livre à un très petit nombre de lecteurs, n'était point destiné à avoir les honneurs de la publication; fait sans prétention et fait pour l'utilité de quelques uns, il pourrait devenir malgré cela d'un Intérêt plus général, et c'est ce qui m'aurait décidé à le livrer plutôt aux presses lithographiques de M. Boisson, si les circonstances qui me gouvernaient alors ne m'eussent encore plus imposé le devoir de le faire; car ayant été appelé par suite des soins protecteurs de M. le Général, Marquis de Livron, à diriger les premières études des cinquante Égyptiens que Son Altesse Royale le Vice-Roi d'Égypte a envoyés en France, j'ai dû nécessairement chercher un moyen qui pût leur aplanir les difficultés d'une langue, dont ils ne comprenaient pas un mot; je fis à cet effet usage de cette petite méthode jusqu'au moment où des circonstances impérieuses m'obligèrent à les mettre en d'autres mains.

Étant resté à Paris auprès d'eux jusqu'au moment où l'organisation totale du Collège fut terminée; j'ai été à même de voir que quelle qu'ait été la bonne volonté du professeur qui m'a succédé pour leur rendre faciles les premières études du Français, il lui était extrêmement pénible à lui de s'expliquer et aux élèves de comprendre, malgré qu'on eut toute confiance dans la vaste érudition du Professeur qu'on leur avait donné; mais enseigner est un art que tous les Savants ne sont pas obligés de connaître. Je crois donc en publiant cet opuscule être agréable à mon Successeur et donner une marque d'attachement à mes anciens élèves, bien que le collège n'existe déjà plus; mais j'ai l'espoir que la justice des chefs me permettra de faire parvenir dans les divers lieux où sont répartis mes élèves, un exemplaire pour chacun d'eux.

Cet ouvrage qui jusqu'à ce jour manquait et qui n'est que le prélude de la grammaire française que je me propose de publier dans peu en langue Arabe, sera j'ose l'espérer agréé en France par un Ministère aussi juste qu'éclairé et par l'illustre Prince auquel je le dédie, et classé au nombre des livres propres à l'éducation de ses sujets, les Élèves Égyptiens des Collèges d'Égypte, de France, d'Italie et d'Angleterre. La récompense de mon entreprise est restée sans le but que je me suis proposé: l'Utilité.

Je croirais manquer à mon devoir, à la reconnaissance de je ne profitais de cette circonstance pour rendre un hommage public et des remerciements sincères à Son Excellence le Muhedar effendi, Chef Turc du Collège et au savant Chek El-Refahi, le premier pour m'avoir encouragé à publier cet opuscule et le second pour m'avoir aidé de ses conseils.

Marseille en Février 1827.

Joanny Pharaon

(c)

Premiers Éléments

de la Langue française à l'usage des
orientaux qui veulent apprendre cette langue,

DÉDIÉS

A SON ALTESSE ROYALE MEHEMED-ALY

VICE ROI D'EGYPTE

Par

JOANNY-PHARAON.

Ancien élève de l'École Royale des Langues
Orientales et ex-Premier Professeur du Collège
Égyptien de Paris.

— Prix 2 Francs —

à Marseille

Chez Camoin Libraire

1827.

Lithographie de Boisson.

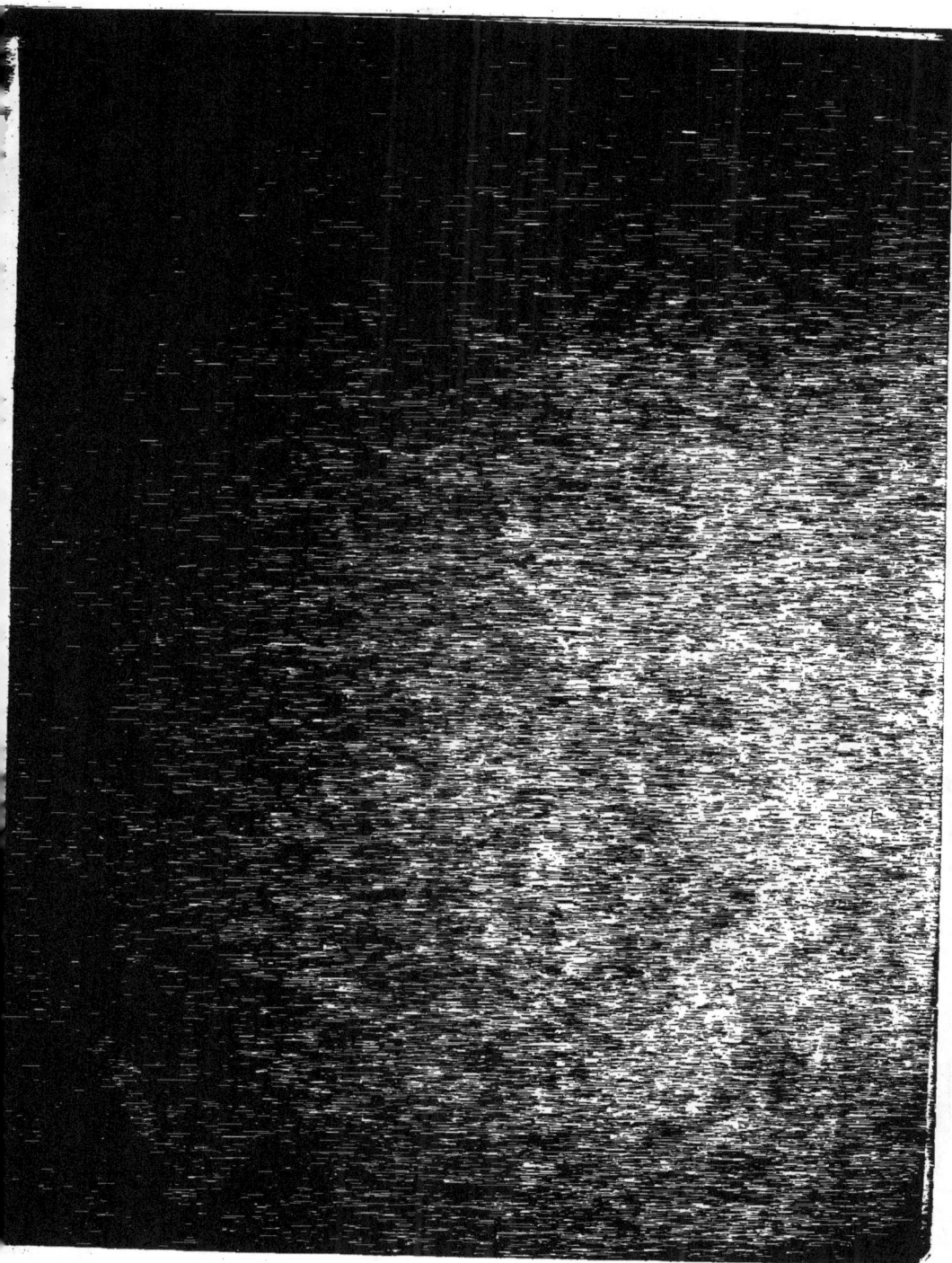

ÉLÉMENTS

de la Grammaire Française Traduits en Arabe

Par

JOANNY PHARAON

à Marseille.

1827

www.ingramcontent.com/pod-product-compliance
Lightning Source LLC
Chambersburg PA
CBHW071724290326
41933CB00051B/2491